JN436264

초판 1쇄 발행 _ 2010년 4월 10일

글 · 그림 _ 김 영 리
펴 낸 이 _ 김 재 련

펴 낸 곳 _ 학마을B&M
편　　집 _ 김 은 영 / 제작 _송 대 규 / 마케팅 _전 대 창
전 화 02)324-2993(代), 324-2994, 070-7504-2992
팩 스 02)324-2904
주 소 서울시 마포구 동교동 200-19 4층 | 홈페이지 www.kookjeon.com
등록번호 제1-2106 호 | ISBN 978-87576-65-02800

Preface

변함없이 이 화가의 길을 꾸준히 가도록
나를 위해 힘써준 많은 이들이 있다.
항상 노력하고 진실되게 세상을 살아가라고
내게 말씀하시는 우리 어머니,
내가 지칠 때 내 존재의 의미를
되새김해주는 우리 아이들,
때로는 친구가 되고 비평가가 되어 주는
나의 동반자, 그들은 내 삶의 이유이다.
대지 속으로 빨려 들어가는
우리들의 삶 이야기를
그냥 그냥 이야기하고 싶다.

- 김 영 리

There's people that helped me
out pursuing the path to be an artist.
My mother, who always told me
to live an honest life.
My children, who reminded me of
my meaning of existence.
My husband who have been my
companion and also the most harsh critic.
They are the reason I live.
I just want to talk about our most
normal lives that swirls within the earth.

- kim, young-lee

탄 생 Birth

누구나
한번은
반드시
두드리고
열고
통과해야 나오는 곳
그곳에
생명이 있다

오랜 기다림의
시작과
끝을
잡고 있는
그곳에
떨림이 있다.

그대가
온몸으로 포효하는
생명의
소리에는
미지의 세계로
향하는
빛이 있다.

동 행 Companion

어느 한 때
우리는 사랑을 했지.

대지 같은 사랑을 품고
서로의 울타리가 되었지.

이제 우리는
같은 곳을 바라보고
나란히 걷고
같은 꿈을 꾸며
모든 것을 나눈다.

우리는 이제
서로의 거울이다.

생각의 소파

Thinking couch

내 생각이 창조해 놓은 이곳에
나르시스를 닮은 꽃들이 만개하고
여유를 즐기는 나같은 부류들이면
누구나 환영하는 작은 소파가 있다

밤이면 천국을 꿈꾸는 침대가 되었다가
해가 뜨면 중력을 잃고 싶은
생각의 나무가 되었다가
오후가 되면 마음을 여는 창이 되는
요술을 부리곤 한다

나의 생존 방식은 시간을 무시하고
현실을 무시한다고 생각되겠지만
그러한 것들에 충실한들
몇 백년을 살겠는가?

그 한가로움을 질투하던
속도가 나에게
빨리빨리 움직이라 종용하겠지만
나는 이 순간이 가져다준
평화가 참 좋다.

엄마의 바다 The sea of mother

하늘새가 눈물을 흘린다.
출렁이는 바다 위로
꽃비를 흩날린다.
그 깊이를 가늠할 수 없는 바다는
하늘을 그대로 받아들이고
기쁘게 기쁘게
꽃은 바다 속으로 잠수한다.

하늘에서 비가 내린다.
검푸른 바다 위로...
먼 과거로부터
우리 몸 속에 배양되어 온
아픔 · 갈등 · 상처가 치유 되어
파도 위로 떨어지며 전율한다.

바다는
어머니가 아기를 안듯이
부드럽고 따스한
가슴으로 맞이한다.

바다는 고요하게
모든 것을
잠기게 하여
깨끗이 한 다음
다시 수면 위로 토해낸다.

모든 생명들은
바다의 품안에서
잠시 머물다 가는 나그네이다.

시골길 Countryside road

사랑하는 마음도
미워하는 마음도
가지고 있지 않은 나는
어느 산골 마을을 끼고
꼬불꼬불 돌아가는 시골길입니다.

뒤뚱뒤뚱 걸음마하는 어린 아기,
지팡이를 두드리며 지나가는 꼬부랑 할머니도
구별하지 않습니다.
뚱뚱한 이나 마른 이
돈이 많은 부자거나 가난한 사람이라고 해서
차별하지도 않습니다.

나는 민들레에게도
질경이에게도
이름 모를 잡초에게도 나를 맡깁니다.
그들이 내 곁에 와서
잠시 쉬었다 가도
나는 절대 대가를 요구하지 않습니다.

주룩주룩 비가 오면 비를 맞고
작열하는 태양 아래에선 동화되고
하얀 눈 또한 거부하지 않습니다.

어떤 상황이나
어떤 환경에도
조건 없이 포용하는
나는 꼬불꼬불 돌아가는 시골길입니다.

자유로운 영혼,

노래하는 물고기

황명걸 시인

미술에 관심이 많은 나는, 직장생활 중에도 시간을 내어 전람회를 둘러보는 일을 게을리 하지 않았다. 하나의 낙으로 삼아 부지런을 떨었다. 그러다 보니, 미술인의 이름을 나는 두루 꿰고 있었다. 뿐만 아니라 화가, 조각가들과 친분을 소홀찮이 트고 지냈다. 그런 가운데 한국화가로 김춘옥, 강남미, 신산옥, 김아영 등과 알게 되었다. 80년대 한국화에서 활발하게 작품활동을 한 여류들이다.

그들과 함께 두각을 나타낸 한 사람의 여류가 있었다. 그는 김영리였다.

하지만 그와 알게 되는 기회는 나에게 오지 않았다. 그저 그의 그림을 보는 것으로만 족했다. 당시 한국화에서는 수묵화가 대세라 김영리도 선지에 먹으로 붓을 쳐 그림을 그렸다. 그의 그림은 무거운 톤의 도회적 반추상이 아니었나 기억된다. 그런데 어떤 연유인지 한동안 그의 작품을 대할 수가 없었다. 내심 궁금했지만 그로 그쳤다.

그러다가 내가 정년퇴직 후 양평으로 내려와 산 지 한참 뒤에야 이곳 미협 전람회에서 오랜만에 김영리의 작품을 다시 보게 되었다. 그 반가움은 설레임에 가까웠다.

그의 그림은 많이 변해 있었다. 우선 화폭이 선지에서 캔버스로 바뀌고, 물감도 먹에서 아크릴로 바뀌었으며, 그림은 수묵화가 아닌 채색화로 달라져 있었다. 미술에서 장르의 경계가 무너지는 경향이 그를 변화시킨 것으로 이해된다.

드디어 양평에서 김영리 작가와의 만남이 이루어지게 된 점은, 늦은 감이 있으나 그나마 나에게는 다행한 노릇이다. 그런데 화가 김영리가 틈틈이 시를 써와 이번에 시화집으로 엮어 낸다고 하니 놀랍고, 시인인 나로서는 더욱 반가운 일이다.

그의 시를 읽으면서 내가 느낀 점은, 시가 그의 그림을 닮아 있다는 것이다. 그러므로 그의 시화집은 시와 그림이 어울려 꽃밭을 이루고 길을 낸 꽃세상 구경이 되었다.

그리고 한 가지 더, 그림에서 찾아보기 어려웠던 그의 삶의 무늬가 시에서 잡힌다는 사실을 지적하겠다. 김영리 그림을 좀 더 깊이 알고 싶은 분에게는 이번 시화집이 글을 이해하는데 좋은 길잡이가 될 터이다. 그의 그림의 제목이나 시의 행간에서 추려지는 어구를 보면 김영리와 그의 그림이 읽힌다.

그는 '과대포장된 도시'에 염증을 느끼며 부대끼는 사람들과의 '소통의 부재'를 안타까워하면서도 '칠층 옥탑방' 위로 뜨는 '무지개 꽃'을 꿈꾸는 낙관주의자이다. '바닥으로 떨어져 자유로운 영혼'을 추스를 줄 아는 지혜를 가진 그가 마침내 도시를 떠나 '민들레 질경이 핀 시골을 찾아' 꼬불꼬불 돌아가는 산길'이 되고자 마음먹는다.

그리하여 이제 그는 툇마루에 앉아 찾아온 친구와 ' 다도는 몰라도 차 한잔 기울이는 ' 만남을 귀히 여기며 ' 그늘을 찾아 단잠을 자는 강아지'에게 애정 어린 눈길을 준다.

그리고 그는 간간이 '생각의 소파'에 앉아 '마음을 여는 창'을 통해 '바다 위를 나는 나비'를 꿈꾸며 '진정한 자유'를 '노래하는 물고기'가 된다.

이제 그는 평온하다. 눈에 보이는 사물이 어여뻐 사소한 것에 쌀가움을 느낀다. 진정 자유로워진 소이이다. 이는 우리로 하여금 그의 그림을 기대하게 만든다. 뒤늦게 만난 화가 김영리는 명랑 쾌활하여 함께 대화하는 시간 내내 유쾌하였다. 미술동네의 다른 분들도 다 그리 말했다. 그런 즉 앞으로 그와 자주 만나 이야기를 나누었으면 좋겠다.

다섯가지 이야기

탄생 · 동행 · 생각의 소파 · 엄마의 바다 · 시골길

여 유

모든 경계선의 벽을 허물 수 있는 생각은 여유에서 비롯된다. 현대인의 삶 속에서 깊이 뿌리박고 있는 자존심, 경쟁심, 소유욕, 기타 등등은 우리 삶의 원동력이 되기도 하지만 그것으로 인해 힘들어지기도 한다. 차 한잔의 여유가 필요하다.

Relaxation

The thought that tears down every borderline of our heart originates from a simple relaxation. Pursuit of self-esteem, competition, possession that is rooted in our modern lives might be the driving forces of life, but disturbances as well. We need time for a cup of tea.

여 유
Relaxation

소리새 The singing bird

넓은 바다 한 가운데
소리새 한 마리 항해를 한다.

바다는
가여운 새 한 마리
어여삐 여겨 받쳐주며
희망이라는
민들레 홑씨 보내 길을 이끈다

밤에는 별빛이
소리새의 긴 여정에
친구가 되고
낮에는 아름다운 파도와
그 속에서 춤을 추는
물고기들을 만난다.

언젠가는
바다의 끝에 다다를수 있다는
희망 하나 품고
오늘도 멈추지 않는
심장 소리를 들으며
푸른 바다 가로질러
항해를 한다

날아 오르다 Flying up

내가 이 순간을 기다렸음은
집요해서가 아닙니다.
희망을 버리지 않았던 절실함 때문이지요.

내 어깨 위에 쌓아두었던 무게가
다 떨어지던 날
몰래 품고 있었던
생각들도 함께 사라졌습니다.

이제는 사랑에 아파하고 기뻐해야 할
무엇도 남아있지 않은 벌거벗은 몸뚱이지만
모든 것이 사라진 이 자리에
가벼움이 자리 잡았습니다.

그리고 이 시간
내가 몰래 기다려왔던
찬란한 가을햇살에 가득 비치는
어느 날 오후
나의 모든 것을 거두어갈
상쾌한 바람을 타고
나는
황홀하게 날아오르고 있었습니다.

노래하는 물고기

The singing fish

그대의 창을 환히 밝히는
나는 노래하는 물고기

언제 어디서나
귀만 기우려 준다면
나의 노래를 들을 수 있지

혹은 바람결에
혹은 꿈결에

너의 마음만 열어 둔다면
내 허공 노래를
들을 수 있을거야

The great bear

누가 찍어 놓았을까 7개의 점 북두칠성
서로 좋아하다 묶여버린 그대는 아름다운 구속일까?
시간 속에 이어졌다 끊어졌다 움직인다

그 아름다운 별에 머물고 있다는 그대 노자를 만나기 위해
나는 꽃씨 보내 그 자리에 아름다운 꽃 피우고 싶다.

나는 ? I'm...

태양은 계산하지 않는다.

달은 뽐내지 않는다.

별은 싸우지 않는다.

물은 모든 것을 이해한다.

대지는 정직하다.

이 아름다운 세상에서 나는 무엇일까?

마음을 여는 눈 The eyes that opens your heart

원래는 이곳에 있지 않았다
높은 벽 선반 위에 고이 모셔 놓았다

가끔은
귀한 꿀단지마냥 내려놓았다 올려놓았다 했다

안개낀 날은 닦고 비온 날은 씻고
건조한 날은 물 뿌리고 귀한 분 모시듯 쩔쩔맨다
희망이기 때문이다

겨울나무의 마지막 잎새 떨어지던
어느 하루 결심했다
그 아끼던 나의 마음을 바닥에 내려놓기로…

그리고
분신같이 아끼던 너를 위해 절망의 끝에서 희망을 잡듯
매일매일 안과 밖을 닦았으면 한다.

흔적... Trace

셀 수 없는 낮과 밤이 지나갔다.
문고리에 켜켜이 묻은 때만큼이나 시간이 오고 가고 사람들이 오고 갔다.

수없이 촛불 밝혔던 그 마음 각양각생의 부처 닮은 중생들이 다녀간 뒤
켜켜이 쌓였던 그 원怨들은 모두 풀었을까?

천년 속 어느 하루 같은 날이다.
그 마음 아는지 모르는지 뚫어진 문풍지 너머 무심한 부처 한 분 앉아 있다.

바다 The sea

파도 치는 대로 바람 부는 대로…

내가 어느 곳에 있든지
나는 그대를 생각한다.

때로는 내 가슴 속에 쌓아두었던
삶의 흔적들을
하나하나 끄집어 내어
그대의 어깨 위에 내려놓고
그 끝과 깊이가 보이지 않는
물결 위에 돛대 없는 배가 되어
그대의 가슴에 안기는 꿈을 꾼다.

그대를 내 가슴 속에 품으면
나는 무시무시한 적막함 속에서도
포근함을 느끼고
황홀한 고독에 빠진다.

그대가 세상에 뿌려 놓은 향기는
내 지친 영혼의 날개까지 와 닿아
포기할 수 없는 삶의 희망을 품게 한다.

이제 나는 그대에게 모든 것을 맡기고 싶다.
그래서 그 끝을 알 수 없는 세상에서
파도 치는 대로 바람 부는 대로 가고 싶다.

대화

항상 우리 곁에 있지만 보지 못하고 느끼지 못하는 대상이 있다. 조금 더 마음을 열면 웃으면서 다가오는 누군가가 있다.

Conversation

There is something always with us that we do not see and do not feel. There is something that would come to us smiling only if we open our hearts.

대화

Conversation

문
바보
거울 속 초상(당신)
입맞춤
묻지 마세요
하늘 나라
원천적 자유
내 나이 오십
무궁화꽃이 피었습니다
엄마의 자리
어머니
연금술사
길 위에 서서
이 잠깐의 시간이 지나면
함께 간다

문 Door

그 문을 여는 순간
당신의 육체는
사라져 버릴 것입니다.

단지
심장만이 톡 튀어나와
똑딱
똑딱
똑딱

지금 이 순간
존재하는 이 자리를 드러낼 것입니다.

1 + 1

바보 Fool

나와 마주 바라보는 그대는 1 + 1 이 무엇인지 계산할 줄 몰라요

하지만 하늘의 반짝이는 별을 보면 미소가 떠올라요
심장이 뜨거워져요
나의 거울 속에는 낯선 이가 있어요
그 어디에도 구속될 수 없는 표정 속엔
느끼지 않고 보지 않고 말하지 않는 자유로움이 있어요

그대의 주위를 밝히는 오로라는 다양하고 흥미로운 세계로 나를 이끕니다
우리가 소통할 수 있는 길은 순수한 마음이라는 것을
나는 그대를 통해서 알았습니다.

거울 속 초상(당신) A mirror and a portrait of you

어린 날 나의 거울 속에서
수줍고 꿈많은
어린 소녀가 살고 있었다.
사계절 꽃이 피는
그녀의 정원에는
천사와 어린 왕자님도 다녀갔다.
달이 밝고 별이 빛나는 날이면
그들과 함께 꿈과 이상에 대해
밤이 새도록 소근거렸다.

젊은 날 나의 거울 속에서
많이 변해 버린
거울 밖의 그녀를 위해
부지런히 거울을 닦고 있는
사랑하는 이들이 있었다.
삶의 한 가운데에서
쌓여가는 먼지를 닦지 않았다면
거울 밖의 그녀는
거울 속 나를 볼 수 없기 때문이었다.

중년이 된 날
나의 거울 속에는
멀리 떨어져서 그녀를 보고 있는
여인이 있다.
거울 속에는 그녀의 어머니가 그랬듯이
그녀의 딸을 가슴으로 품은
어머니의 모습으로 돌아온 그녀가 있다.

이제
나의 거울 속에는
따듯한 동행同行이 있다.
세월 속에서 나의 거울도
거울 밖 그녀처럼
닮고 늙었지만
그 속에서
자유로워진 영혼을
만날 수 있었다.
진정한 인생의 단편短篇이다.

꽃이 그녀에게 입맞춤을 했을 때 그녀는 시간을 잊어버렸다.

입맞춤 A kiss

꽃이 그 소녀에게 다가갔을 때
그녀는 꿈을 꾸고 있었다.
꽃이 그녀에게 입맞춤을 했을 때
그녀는 시간을 잊어버렸다.

시간이 화살촉 같이 지나갔지만
소녀는 아무 것도 허용하지 않은 채
세월을 비껴가고 있었다.

소녀의 꿈이
그 틈에서 자라고 있는
날개에 달라붙고
시간이 멈추어진 그 자리에는
꽃의 향기가 스며들었다.

소녀는 나비가 된 듯이
꽃을 사랑하고
소녀의 가슴 속에 핀
하늘 꽃은
알 수 없는 몽환夢幻의
세계로 날고 있었다.

묻지 마세요 Don't ask

내가 누구였는지는 묻지 마세요.
그냥 많은 사람들 틈에서 조용히 살다간 인간이었습니다.

슬플 때 울고 기쁠 때 웃고
주위의 아픔에도 같이 아파했던 그런 평범한 인간이었습니다.

한때 사랑도 했고 소중한 것들을 소유도 했던 욕심쟁이이기도 했습니다.
이제 내가 알고 있는 것은 시간 속에서 영원한 것은 아무 것도 없다는 것
소유할 수 있는 것은 아무 것도 없다는 것

그래요. 나는 모든 것을 내 중심으로 이해하려 했던 바보였어요.

미안해요.
내가 미워했던 모든 사람들 상처 주었던 모든 사람들
당신들에게 용서를 빕니다.

그래요.
나는 사실 사랑하는 법을 잘 몰랐어요.
소통하는 법은 더욱 몰랐고요.

이제 나는 주문을 외웁니다.
미안해요. 용서해요. 사랑해요.
그리고 내가 누구였는지는 묻지 마세요.

하늘 나라 Heaven

하늘 위를 보라.
천사다. 나를 데리고 갈 천사다.

하늘 위를 보라.
천국이다. 내가 살아야할 천국이다.

도착했다 천국에
이젠 신나게 살자 하늘에서…

원천적 자유 The fundamental freedom

땅바닥으로 떨어져서야 비로소 자유로운 그대
어디로 가시렵니까?

오랫동안 감춰두었던 열정을 끄집어내어
바람과 함께 뒹굴어 보시겠어요?

내 나이 오십 Age fifty

10대에는 환상같은 미래를 꿈꿨고
20대에는 그 꿈을 생각하며 공부를 했고
30대에는 동반자를 만나
멋진 미래를 현실화 시키려
열정적으로 살았다.
40대에는 인생이
계획대로만 되지 않는다는 것을 느끼며
아파하고 방황했다.

내 나이 오십
이제는 환상도 버리고
계획도 버리고
아픔도 버리고
방황조차 끝을 내야 존재할 수 있는
슬프면서도 가슴 뭉클한
현실을 직시할 나이

무궁화 꽃이 피었습니다

The rose of Sharon has bloomed

언제나 모자라는 자식들을
사랑하고 용서하며
그 자리에
변함없이 서계시는 할머니
그대는
태고의 풍파 속을
거쳐 왔어도
변치 않는
미소를
가지셨습니다.

그 인고忍苦의 세월 속에서
모든 것을 끌어안은 그대는
아름다운
무궁화 꽃을 피우셨습니다.

엄마의 자리 Mother's space

그 빛나는 자리를
나는
이제야 알았습니다.

자식을 낳고 키우며
자신은 빈 둥지처럼 허전해져간 엄마

푸르른 대지의 나무처럼
굳건했는데
어느새 뚫어진 문풍지처럼
뼈마디에 바람이 드셨네요.

아낌없이 모든 것을 내어주신 어머니

세월 속에 모든 것이 변했어도
나는 그대의 아름다우신 그 자리를 사랑합니다.

어머니 Mother

나는 어머니 그대 품에 언제나 안기고 싶었습니다.
이제 어머니 그대는
나를 꼭 안아줄 힘과 세월이 남아 있지 않고
나는 그때의 그대처럼 여인이 되었지만
여전히 나는 어머니 그대 품에 꼬옥 안기고 싶습니다.

鍊金術師

연금술사 The alchemist

사방, 팔방, 삼십 육방 쉼 없이 돌면서 꺼지지 않는
도시의 유리벽 불빛에 투영된 그대의 초상을 대면한다

푸른 밤 팽팽한 긴장 속
천 개의 얼굴과 천 개의 손으로 하늘을 가득 메운
영혼의 그림자들을 인도하고 있는
그대는 연금술사

그대는 산을 삼키고 살아있는 모든 것과 바다도 삼켜버린 후에
누에가 실을 뽑듯 하나씩 별 위 다른 공간에 수를 놓듯 내려 놓는다.

황혼에서 새벽까지
습기나는 어둠 속을 방황하는 영혼을 위해
도시의 지붕을 떠나지 못하는
그대는 연금술사

길 위에 서서

The road to free

그 길을 따라가면
휘영청 밝은 달 아래
덩실덩실 춤추는 사람이 보인다

그 너머에는
푸른 바다 넘실대고
구름 자유롭다

하늘과 땅이
그대와 함께
하나 되어 춤춘다
우주 속에서

커피향 가득… 진한 하루가 되길 기원하며…

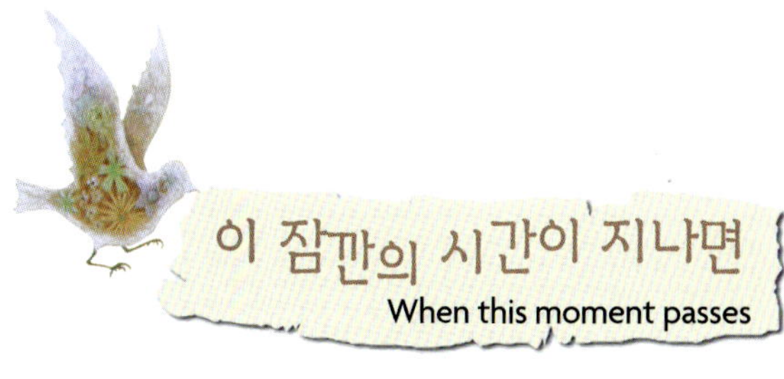

이 잠깐의 시간이 지나면

When this moment passes

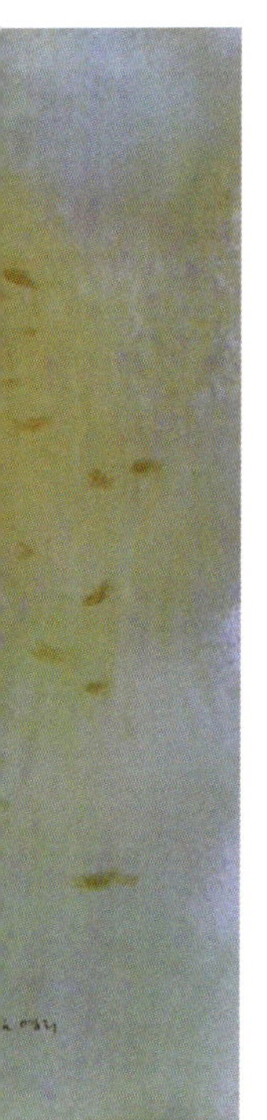

내가 수혈 받고 있는
이 잠깐의 시간이 지나면
또 다른 날이 온다.
그리곤 소중하다고 여겼던 순간들도
호주머니 안에서 그저 소중하지 않게
뒹굴던 명함조각처럼 버려진다.

하루하루
진한 커피향처럼
진심이기를 바랐던
인연들
일상 대화들은
달리는 기차의 차창 밖처럼
되돌아 오지 않고 밀려난다.

세월에 퇴적되어 가는 신기루 같은
내 무심한 미소 뒤에
잃어버린 젊음이 남는다.

젊음
너를 보내고 나는 그래도 피할 수 없는
이 잠깐의 시간을 즐긴다.
언제나 그랬던 것처럼…
커피향 가득
진한 하루가 되길 기원하며…

함께 간다 Walking aside

굴러간다	시간, 사람, 굴렁쇠
묻혀간다	행복, 사랑, 미움
흘러간다	과거, 현재, 미래
날아간다	낙엽, 세월, 인생
돌고돈다	해, 달, 별
함께간다	너, 나, 우리

하루의 여정

일출에서 일몰까지 어둠에서 새벽까지 자연이 우리에게 들려주는 이야기는 우리의 고단한 삶 속에서 빛 같은 희망을 품게 한다.

Voyage of a day

From sunrise to sunset and from darkness till dawn, Nature tells us the story that brings a light of hope to our weary lives.

하루의 여정

Voyage of a day

향기

The sweet scent

털컹 이 자리에 앉아버렸다.
시간이 가고 또 가고
이렇게 오랜 시간 기다렸다

무엇일까
내가 그토록 기다렸던 것은?

허망함 뒤에 부서진
세월의 잔상殘像

이토록 허망한 것을 알았을까?
모진 바람과 비를 맞고
부서져 버린 육체 위에
청량淸凉한 소리 듣는다.

모든 것이 사라지고 난 후
가벼움이 남는다.
그래도 나는 떠나지 않고
바람따라 일렁인다

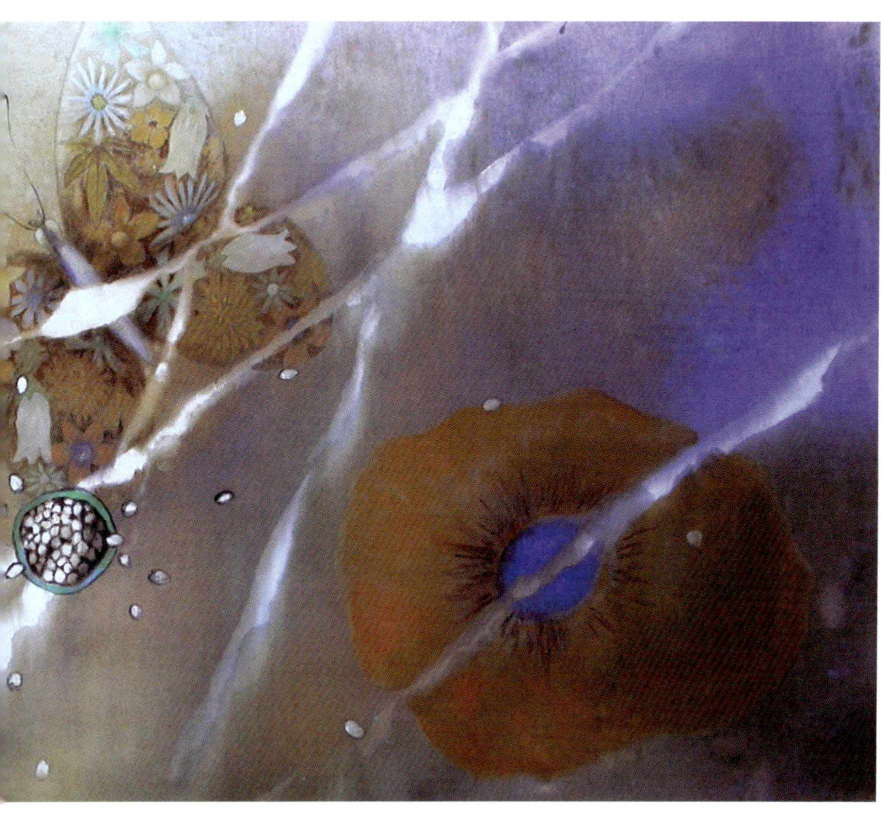

해가 뜬다 Sunrise

해가 뜬다
수평선 너머에서
정갈하게 목욕을 한 다음
바다의 문을 열고
밤새 떨고 있던
우리들에게
변함없는 사랑으로 다가온다

움츠렸던 가슴을 연다
비로소
너와 내가 소통한다

하여
형상도 색깔도 냄새도 없는
너와
나의
마음을
연결해주는 창공의 문이 열린다

해가 뜨는 그 자리에
시간이 멈추고
가슴 가득 밀려오는
공명共鳴이 울린다

어느 봄날

Once upon a spring day

나비 뒤에
나비를
쫓고 있는 그대는
누구인가?

뜰 앞에 핀
작약이
함박웃음을 터뜨리고
산들바람에
불어오는 향기
코 끝에 묻는다.

다도茶道를
알 순 없어도
차 한 잔 기울이는
마음이
나비처럼
날개짓을 한다.

어느 봄날
진달래 피고 있고
아지랑이 아른거리는
뜰 앞
툇마루에서…

어느 봄날 뜰 앞 툇마루에서…

낮에 우는 닭

A rooster that crows at noon

온 힘을 다해서
나무를 뽑아서 들었던 그날은
하늘에서 시원한 장대비를 뿌렸다.

그 비는
내 오감五感을 적시고
내 뼛속을 씻어 내리고 있었다.

갑자기 찢어진 우산을 들고
바람 불던 빗속을 걸어갔던
지난 날이 생각났다.
그 아스라한 아픔이
이제 환희가 되어
빗속에서 나는 춤을 추고 있었다.

대낮에 우는 닭소리를 들었는가
수많은 세월을
새벽을 향해 소리쳤지만

아!
이젠 맑게 갠 그날
태양을 향해 노래하고 싶다.

Rainbow flower

6박 7일의 산고産苦 끝에 마음 속에 내리는
비를 맞지 않고는 피어날 수 없는
무지개 꽃을 마중하기 위해
맑게 개인 하늘 무지개가 떴다.

마음을 열지 않고는 맡을 수 없고 볼 수 없는
신비로움이 도시의 한가운데
7층 옥탑 방에 피어난다.

마디마디의 고통을 감내堪耐한 뒤에야
만개할 수밖에 없었던 무지개 꽃은
나무도 산도 없고 나비도 오지 않는
도시의 숲속에서 하늘을 향해 피어난다.

나비 Butterfly

하늘이다.

땅 위를 기어다녔던 애벌레
나무에 대롱대롱 매달렸던 고치
그들은 누구였을까?

쉴 새 없이 계속되었던
탈바꿈을 위한 고통
태어남의 환희
영원한 축복일까?

광활한 공간에서
다시 태어난
나는
날개를 활짝 폈다.

그리고
이 순간
뿜어내는 그 향기에
못내 달아올랐던 내 열정을 위해
나는
꿈을 향해
날아가고 있다.

태양의 사랑을 갈구하던 너의 마음 속에…

해바라기와 가을

The Sun flower and Autumn

뜨거운 가슴만으론
가눌 수 없었던
열정의 시간을 뒤로한 채
성숙의 시간은 더해 가고
작열했던 태양의 빛도
긴 여정의 회한悔恨 속에서
버틸 수 있었던 시간들을
회상한다.

이제 다 타버린
열정의 잿더미 속에서
다시 소생蘇生하고자 하는
작은 몸짓으로
너는 내게 다가와
마지막 남은 불씨의
불을 당긴다.

한 때
너무 뜨거워
만질 수 없었고
가질 수 없었고
위로만 올라가면서
태양의 사랑을 갈구하던
너의 마음 속에
또 다른 가을의 사랑이
알알이 맺히고 있다.

풀꽃 Tiny flowers

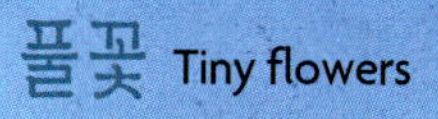

풀밭에 쪼그리고 앉아
한참을 봐야
너를 만난다

밤하늘에 멀리서
보일 듯 말 듯
반짝이는 별처럼…

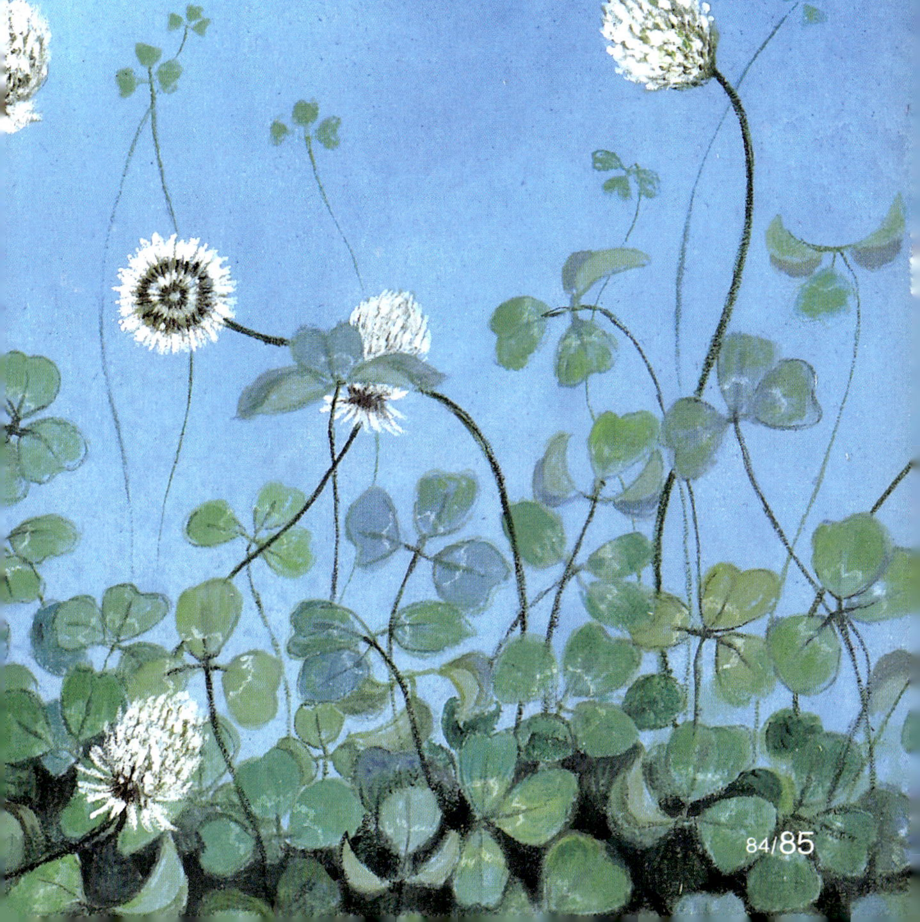

도시로 간 부엉이

The owl that came to the city

거대한 빌딩 사이로
종잇장 같은 창백함들이 부유浮遊하고
뻥 뚫린 공간 사이로
중력重力을 잃은 영혼들이 방황하는
도시의 밤
그 반짝이는 어둠 속에서 나는 눈을 크게 뜬다.
그리곤
수많은 초상 속에서
주인공이 되고자
소통하고자
울고 웃으며
하루를 연명延命하고 있는
인간의 냄새를 맡는다.
복제複製되어 가는
도시의 빌딩숲 위에
불어오는 찬바람을
심장 속까지 들이키며
아직도 포기하지 못하는
사랑을 품은 채
뜬눈으로 밤을 지키는
나는 천연기념물

행복
Happiness

한바퀴를 온전히
돌아가는 길에
고향이 있다
특별이 나를 기다리진 않았지만
언제나처럼
온전하게 받아주는
그런 풍요로운 가슴이다

시간은 쏜살같이
은백銀白이 된 후에야
돌아온 고향
여전히 평화롭다

가슴으로 받아주는
어머니와
아버지가 계시고
형제 자매가 있는 곳

봄, 여름, 가을, 겨울이
모두
아름다운 나의 고향에는
돌아온 나를 위해
하얀 도화지 한 장
마련되어 있다

여름 오후

One late afternoon

어느 7월의 무더운 여름
마당 어느 귀퉁이에서
단잠을 자는 우리 강아지
용케도 그늘을 찾았구나.

어디선가 불어오는 솔바람에
집 앞에 피어있는
망촛대꽃 하늘거리고
구름은 유유히 흘러간다.

가만히 소파에 앉아
앞산을 바라본다.

산들바람이
나무들을 움직이고
산을 움직이고
내 마음을 움직인다.

기다림...

Long waiting

님이 살며시 문을 열고
오기를 기다린다
마당 귀퉁이에 꽃들을 심었다
향기를 맡게 해 주고 싶어서이다

밤이건 낮이건
문을 잠그지 않았다
언제 오실지 모르기 때문이다

언제 오실지 모르는
그대를
나는 오늘도 기다린다

오기가 힘드시다면
그대의 엽서 한 장에
나 미소 지을 수 있을텐데…

일탈 Deviation

시원한 가을 바람 부는
산사山寺의 공기가 청량하다

갈대 부딪치는 소리에
내 입과 가슴이 싸각거린다
군불 지핀 따스한 아랫목이
나를 붙잡고
찻물 끓이는 소리에
따스한 마음
강이 되어 흐른다

아름다운
가을이다

보고 싶은 것만 본다

I only see what I want to see

수줍은 나리꽃이
볼이 발그레 상기된 채
호수거울을 들여다 본다.

백일홍도 질세라 그녀 옆으로
바짝 다가와서 물었다.
무엇이 보이니?
호수가 살며시 웃으며 말했다.

"어리석고 귀여운 것,
온통 하늘뿐이잖아."

별이 빛나는 밤에 Starry starry night

별빛 아래 소곤소곤 우리는 친구
쌀쌀한 밤공기에도 아랑곳 않은 채
부족한 마음들을 채우기 위해
서로에게 기대는 우리는 잡초
누구 하나 관심받지 못한
하루를 보냈지만
버려지지도 않았지

우리는 무질서 속에서도 평화를 느끼는
빈둥빈둥 이 밤을 즐기는 자연의 방랑자들
바람이 불면 흔들리고
비가 오면 고개 숙이는
어디에도 적응하는 유연한 백수白手
빛나는 별빛 아래 고요한
한가로움을 즐기고 있는
우리는 별들의 친구

내일 Tomorrow

나에게 내일이
다시 온다는것은
참 좋은 일입니다

그리고 내일이 오면
하루를 무엇을 위해
어떻게 보낼 것인가
선택을 할 수 있다는 것은
더욱 좋습니다

그 다음날
내가 선택을 바꿀 수 있는
또 다른 내일이
기다리고 있다는 것은
행복한 일입니다

이렇듯 내가
긍정肯定의 힘을 믿는
오늘은 축복 받은 날입니다.

김영리 회화의 전개와 특징

이 희 영 미술평론가

1984년 김영리는 전문 미술가로서의 훈련을 마무리하자마자 시드니를 거쳐 1986년 뉴욕으로 건너갔다. 거기서 그는 자신의 수업기에 부과된 과제를 극복하는 시도들을 발표했고 곧 성공적 반응을 이끌었다. 1991년 겨울 그 곳의 평론은 그의 회화가 어두움으로 표현된 도시와 냉혹한 대상으로 표현된 인물들을 종말론적 풍경으로 제시함으로써 세계에 대한 새로운 통찰에 도달했다고 봤다. 그런가 하면 다음 해 미국의 주요 도시에 방영된 '보이는 미술(Seen Art)'이라는 TV 프로그램은 그의 제작을 동양의 전통 묘필을 현대 미술에 결합한 특이한 일이라면서 문화 접변(cross-cultural)의 창의적 변형 사례로 조명했다.

1994년 김영리는 양평 항금리로 들어갔다. 여기서 제작된 그의 회화들은 그가 전문미술가로서의 진취적 활동을 포기하는 것으로 비쳤다. 먹에 의해 화면의 사정(episode)들이 결정되고 또 그것으로 미술가의 몸짓을 기록하던 그의 동질성은 더 이상 지속되지 못하는 것으로 보였기 때문이다. 표면은 다양한 색채로 채워지고 인공물이 거의 없는 대신 자연물의 재현이 두드러지는 변화를 보였다. 이 모습은 충분히 더 성공할 수 있고 또한 그것을 발판으로 더 진화할 것으로 기대한 당시의 이웃들을 저버리는 것으로 보이게 했다.

◈ 희생

시드니와 뉴욕으로 떠나기에 앞서 그는 수묵화의 '상투'적 전통을 극복하고 삶의 진실을 자각하는 젊은 미술가로 주목받았다. 그의 칠은 계층적 변화를 따르지 않았음에도 제작의 몸짓을 기록했고 대상들은 미술가의 작위적인 서술방식으로 재현되었음에도 회화의 성격을 벗어나지는 않았다. 그의 화면은 도시의 환경 속에 던져진 현대인의 생경한 두려움이나 절박한 현실을 표현하기에 발묵과 같은 전통적 칠이 여전히 유효하다는 것을 증명하는 듯했다. 그 결과 그는 당시를 대표하는 주요 공모전들을 통해 상당한 평가를 받았다.

미국에서 그의 칠은 재현에 얽매이지

않고 대형 캔버스를 휘저었다. 미술가의 몸짓을 온전히 기록함과 동시에 삶의 현실적 주제들을 살려내는 방식은 미국의 관람자를 자극했다. 그의 붓질은 제작자 스스로가 살아 있음을 증명이라도 하듯 활기에 넘쳤고 그의 화면은 해부학적 삽화로 표현된 태아와 음침한 실루엣의 인물들이 썰렁한 도심의 풍경에 대비되는 장면으로 표현되었다.

이는 20세기 말의 현실을 새롭게 제시하는 듯했다. 시몬(Sen Simon)은 이를 가리켜 '어두움의 광휘(dark brilliance)' 혹은 '묵시론적 아름다움(apocalyptic beauty)'이라며 그의 작품이 지닌 내용 중심의 진실에 주목했다.

TV 프로그램 '보이는 미술' 은 독자적 문화를 능가하는 미국문화의 복합적 다원주의의 가능성으로 그의 회화적 특질(painterly quality)에 주목했다. 초기 그의 성공은 국내에서든 미국에서든 회화가 삶의 진실을 고스란히 복원하고 드러내는 매체임을 확인시키는 지점에서 달성된 것 같다.

이는 김영리가 충분히 수묵의 전통대로 표현할 기술을 지녔고 또한 그 교훈을 실천할 정도로 몸에 배었음에도 그것들을 희생했기에 가능했던 것으로 보인다.

◈ 부 재

귀국해서 항금리에 정착한 뒤 제작된 그의 채색화들은 그에게 성공을 안겨준 특징들과 다른 외관을 띤다. 먹의 의존이 거의 없고 절제된 몸짓으로 대상들은 친절하게 재현되었다. 얼핏 지금까지 그의 추구가 멎은 것 같다. 스스로 미술가이게끔 한 중요한 방법들이 대부분 포기된 듯하다. 그의 화면에서 중요한 대상이었던 인물이 사라지고 대신 꽃, 씨앗, 이파리, 풀과 같은 자연의 것들이 자리한다.

처음에 식물만으로 채워지다가 2005년 이후로 새와 같은 동물이나 시계나 농가와 같은 인공물들이 간헐적으로 등장한다. 도시의 대상들에서 전원의 대상들로 죄다 교체되었다. 무엇보다 그의 믿음을 강하게 웅변할 그 어떠한 회화적 과장도 남지 않은 비약이 이들 채색화에서 이루어졌다. 그의 회화에서 인간을 희생시켰기 때문에 그 비약은 더 커 보인다.

자연을 배경으로 불현듯 제시되는 모자, 안경, 벤치마저 인간과 멀게 보인다. 그의 화면에서 그것들은 열망의 대상도, 활용의 대상도 아닌 채 그저 그 자리에 있을 뿐인 것으로 그려졌다. 사람들 사이에 기능하는 역할과 상관없이 이들은 반듯하게 놓여

지나간 이야기 The stories passed by

When I open the doorway to my past, I see another soul of mine roaming around a dark and endless tunnel. What I've experienced during my quite lone residence in foreign countries have given me a chance to look through and understand various cultures, but it also gave me a sense of solitude and despair of being a restless and unstable self. During that days I've focused on painting which could allow me burst my hidden passion from my stifled, and what I thought at then, unprotected mind. After ten long years of wandering around, I finally returned to mother nature, in which was the state I've ever dreamed of being.

Our footsteps of lives, whether it is beautiful or painful, happens to remain, and among them some might be left behind inside a deep shadow of our unconsciousness. If we do not fear of seeing what we really are, it is sometimes better to peek inside and dust off those deep and painful memories.

과거의 빗장을 살짝 열어보면 어둡고 긴 터널 속에서 방황했던 젊은 날 나의 또 다른 영혼을 만난다. 오랜 외국 생활은 나에게 넓은 세계를 느끼고 다양한 인종간의 문화체험을 할 수 있는 기회를 주었지만 반면에 도시와 인간 속에서 실향민 같은 안정 될 수 없는 존재의 상실감과 고독을 가져다 주었다. 보호받지 못했다고 생각했던 갇혀진 내 의식은 방향감을 상실한 채 헤매인 상처투성이었던 시절이었지만 그림에 몰두 할 수 있어 내 열정은 탈출구를 찾을 수 있었다.

10여 년의 외유 끝에 돌아온 나는 항상 꿈을 꾸어왔던 자연으로 돌아왔다. 그것이 아름다운 일이든 괴로운 일이든 우리의 지나온 발자국은 여전히 남는다. 어떤 것들은 상처가 되어 뽀얗게 먼지가 쌓여 있는 채로 깊은 마음속 잠재의식의 방에서 방치 되어 있기도 한다. 자신의 진면목 보는 것을 두려워 하지 않는다면 가끔씩 들여다 보며 청소를 해 보는 것도 좋다.

도시의 하루

A day in the city

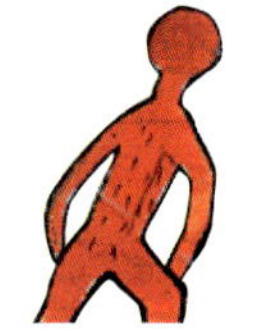

문이 열린다
도시의 한낮을
뜨겁게 달구었던
빌딩 속 열기
그물 같이 꽉 짜여진 공간에서
벗어나 숨 쉬고 싶은 이에게…
오늘도 나는 세상과
제대로 소통했는가?
얼마나 나를 잘 포장했는가?

오늘 하루
도시를 떠돌던 인상印象들
잡히지 않는 모호함
그 다양한 색깔들
수많은 인간들 속에서
느끼는 공허함
그 속으로 교차하는
엇갈리는 파장波長들
그래도 사랑해야만 한다
이 되풀이되는 일상들을
버텨야 하는
많은 날들을 위해
나의 주인공에게
말을 건넨다
용서 하라고…

가면 Masks

하나의 장이 바뀌고
무대 위에
가면을 쓰고
엄숙한 시간 위에 선다
어쩔 수 없는 운명 속에서

관중들의 호흡을
전위적前衛的인 숨소리를
내 목구멍에
꾹꾹 쑤셔 박고
거리를 나섰다
인간들이여
내 몸, 숨구멍에 박힌 털을 몽땅
뽑고 싶은 충동을 느낀다

깨끗함이다
무지無知함이다
순수純粹함이다
또한
구토가 나는 일종의 그 무엇!
구토를 한 다음 시원한 그 무엇!

환상의 노예 Slave of fantasy

비 그치고
가느다란 실바람 코 끝에 묻고
봉오리 함박웃음 띄우며
벌써
계절을 차갑게 돌아선다
발목 시큰하도록 맛본 시간 속
남은 것은 떨어질 먼지
허공 속 잠재된 울분을
바보가 영웅이 된 것 같은
착각에 빠져서
미친듯이 휘젓는다

어디까지 갔나
믿지 못할 감시監視의 빛
그림자를 따라나선 바람이
연약軟弱한 산들바람 되어
곁을 맴돌다 지쳐 쓰러진 뒤
봄볕의 유혹으로
아지랑이 되어 끌려 간다
모든 것이
감각과 이성마저도
어지러운 환상의 노예가 된다

이끼의 한탄

Self-deploring moss

그늘에서 자라
태양을 훔쳐 먹고 사는
키 작은 이끼가
그만
가슴 아픈 인생을 맞았을 때

위로 치켜 올라간 키 큰 풀 위로
더 먼 하늘이 뚫려 있다
이끼로선
너무나 벅찬 순간이다

빛이 존재한다는 것은
전설傳說이다
키 큰 풀로선 이해할 수 없지만
이끼는 절대적이다
서로의 벽이다

알고 보면 모든 것은 홀로이다
그런데
왜
인연因緣이란 것에 얽매여
괴로워하는지 모르겠다
죽음도 홀로인데

절망의 순간

A moment of despair

바람이 분다
허파가 쓰라리고
머리칼이 쓰러진다
모래 같은 여자가 눈을 감았다
불안정은 기만欺瞞되고
보이지 않는 것으로 가득찬다
의식은 방황한다
반짝임이 사라진다
순간이 고갈되고
영원永遠의 소리가 무너진다
수풀이 죽는다
이슬이 사라진다
반사反射가 외롭다
대지大地가 물든다
표정을 잃는다
생명을 잃는다

중얼거리다

Mutter

인상印象이 멋있어
빛을 따라 자꾸만 걷다가
어느새
하얀 아이 되었다
무엇이 변화했는지
아님, 무엇을 추구했는지
통 알 수가 없다

사방을 둘러보면
편견에 불과한 모든 소리를 듣는 듯하다
예민하다는 것 기타 등등
질質의 변화는 선천적이다
모가 난 것은 색이 화려해서
눈에 뜨이기 쉽다
그럼으로써
스스로를 가둔다
광란狂亂의 우리 속으로
나는 안다
그 폭풍과 같은
시달림, 공포는
헛된 것도 무서운 것도 아니다
다만 자신의 정열에 못겨워
자연스러운 행위일 뿐이라는 걸

다만… 존재할 뿐이다

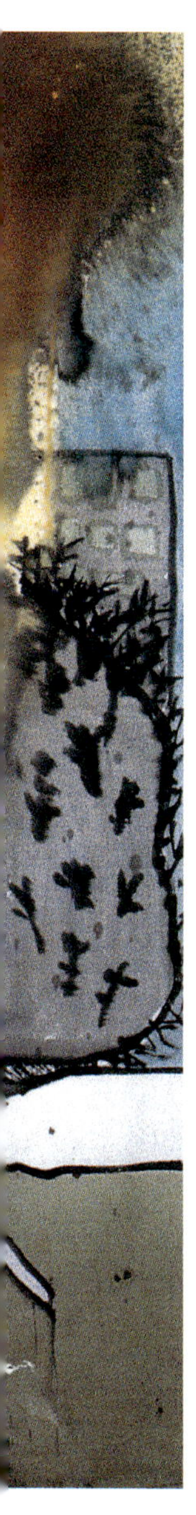

틈새 A peep

보았다
틈을
흘리는 웃음 사이로 벌어진
마음의 틈을
그리곤 생각했다
믿을 수 없다고
순수하지 않고
진실하지도 않다
다만
존재할 뿐이다

이별 Being apart

때로 절실하게
부딪쳐 왔던 것들이
이젠 모두 사라져갔다
귀중한 순간이
아름다웠던 순간들이
끝나버린 지금까지
진실이었다고 믿고 싶은
어리석은 마음이지만…

짝사랑 One sided love

나는 너를 사랑한다
내 방식대로

그저 그런대로
너는 나를 사랑하고
나는 너를 내 심장에 넣었다

그 벽은 나의 아픔으로 스며든다

나는 너를 놓을 수가 없다
너처럼

그렇게 나는 하루를 살고 있다

산을 꿈꾸며 Dreaming of a mountain

바다 안에서 나는 검은 산을 꿈꾼다
섬도 산이고 배도 산이고 인간도 산이다
내게 있어선

산에 미친 이는 전부 산이다 자신마저도
산에 미치고 산에 묻히고 산 위를 날고 산 밑으로 떨어진다
이것은 특종特種이고

범인들은 그저 산이 술이면 족하다
술 한잔 마시면 절벽이 평지 같고
자신이 마냥 체조선수가 된 양
날뛰고 고꾸라지고 미끄러지고 구른다
산은 산이고 바다는 바다다
섬은 가파른 산이다
사면이 절벽이다
그리고 바다는 꿈꾼다